CATALOGUE

DE

TABLEAUX

ANCIENS & MODERNES

Vente les Mercredi 18 et Jeudi 19 Novembre 1857.

M⁰ **LECOCQ**, Commissaire-Priseur.

M. FERDINAND LANEUVILLE, Expert.

CATALOGUE

D'UNE JOLIE COLLECTION

DE

TABLEAUX

ANCIENS & MODERNES

DES DIVERSES ÉCOLES

Provenant du cabinet de M. F. S. de S.,

Conseiller de Cour,

Médecin supérieur de l'hôpital militaire de Varsovie,

DONT LA VENTE AURA LIEU

HOTEL DES COMMISSAIRES-PRISEURS,

RUE DROUOT, Nº 5,

SALLE Nº 5, AU 1er,

Les Mercredi 18 & Jeudi 19 Novembre 1857,

A 2 HEURES

Par le ministère de **Mᵉ LECOCQ**, Commissaire-Priseur,

rue Richer, 54,

Assisté de M. FERDINAND **LANEUVILLE**, Expert,

rue Neuve-des-Mathurins, 73,

Chez lesquels se distribue le présent Catalogue.

EXPOSITION PUBLIQUE

Le Mardi 17 Novembre 1857, de midi à cinq heures.

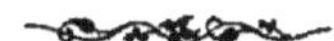

PARIS

RENOU ET MAULDE, IMPRIMEURS DE LA COMPAGNIE DES COMMISSAIRES-PRISEURS,

rue de Rivoli, 144.

1857

CONDITIONS DE LA VENTE.

Elle sera faite au comptant.

Les acquéreurs payeront CINQ pour cent en sus des adjudications.

Le catalogue ayant été fait sur des notes fournies par le propriétaire, et livré à l'impression avant l'arrivée des tableaux, nous avons dû nous conformer aux attributions données dans le Catalogue particulier de la galerie de **M. F. de S.** Cette collection est celle qui fut le plus suivie et le plus admirée par les Amateurs du Nord. Nous espérons que nos Amateurs confirmeront, le jour de la vente, par leurs enchères, les attributions sous lesquelles ces tableaux ont toujours été classés.

DÉSIGNATION

DES TABLEAUX

AELST.

1 — Nature morte et ustensiles de cuisine posés
sur une table.

Toile. H. 53. L. 40.

ALFARO DE GAMEZ.

2 — Portrait d'un seigneur espagnol; il est vêtu
d'un habit d'étoffe noire brodé d'or et garni
de fourrures; il tient un sabre antique.

Bois. . 107. 73.

ANTONISSEN.

3 — Paysage orné de figures et d'animaux.

Bois. H. 37. L. 56.

BERGHEM (Attribué à).

4 — Le Passage du gué.

Toile. H. 17. L. 26.

BISCAINO.

5 — Madelaine penitente.

Toile. H. 36. L. 49

BOILLY.

6 — Une jeune femme dans un élégant déshabillé du matin pose la main sur l'épaule d'un jeune homme assis devant une table et découpant un melon.

Toile. H. 43. L. 35.

BOL (F.).

7 — Saint Pierre les mains jointes.

Bois. H. 83. L. 60.

DU MÊME.

8 — Un Vieillard à genoux devant un monarque d'Orient suivi de sa cour.

Bois. H. 87. L. 1 m. 20.

DU MÊME.

9 — Portrait d'un guerrier turc; il tient à la main un poignard surmonté d'un croissant.

Toile. H. 38. L. 29.

BOTH D'ITALIE (Attribué à).

10 — Vue prise en Italie : à droite, un torrent se précipite en cascades; quelques paysans dont l'un guide une femme montée sur une mule et des animaux complètent la composition.

Bois. H. 78. L. 1 m. 12.

BRACKENBURGH.

11 — Intérieur d'atelier; une jeune artiste faisant le portrait d'un homme tenant une guitarre.

Bois. H. 29. L. 24.

BRAND.

12 — Paysage avec fabrique et cours d'eau.

DU MÊME.

13 — Même sujet. Pendant du précédent.

Bois ovale. H. 26. L. 36.

BRAUWER.

14 — Une Femme tenant une cruche.

DU MÊME.

15 — Un Homme le verre à la main. Pendant.

Bois ovale.

DU MÊME.

16 — Le Chirurgien de village.

Bois. H. 40. L. 56.

BREYDEL.

17 — Des Villageois se livrent au plaisir de la danse devant la porte d'une hôtellerie; plus loin, des paysans abreuvent leurs troupeaux.

Toile. H. 80. L. m. 13.

BRONZINO.

18 — Portrait de Catherine de Médicis, en robe de
moire grise brodée d'or ; elle soutient de la
main droite une chaîne ornée de pierreries
qui entoure sa taille, de l'autre elle tient
un riche livre de prières ; un léger voile
tombe derrière sa tête.

Toile. H. 1 m. L. 79.

CANALETTI (École de).

19 — Vue du palais du doge.

DU MÊME.

20 — Vue d'un canal de Venise.

Toile. H. 37. L. 52.

CASANOVA.

21 — Choc de cavalerie.

Rond.

CASTELLI.

22 — Présentation au temple.

Toile. H. 30. L. 39.

CHATEL.

23 — Scène grivoise.

Bois. H. 37. L. 34.

COYPEL.

24 — La mort de Germanicus ; effet de lumière.

Toile. H. 56. L. 72.

CORRÉGE (D'après).

25 — La Madeleine.

Toile. H. 26. L. 37.

DABOS. Daté 1792.

26 — Portrait de Mirabeau, vêtu d'une robe de chambre bleue ; sa main droite est appuyée sur un portefeuille rouge posé sur un bureau, l'autre tient un papier.

Toile. H. 45. L. 36.

DEBUCOURT. (Dessin à la plume.)

27 — Le Palais-Royal pendant la Convention.

DU MÊME (D'après).

27 — Une gravure, même sujet.

DEHEEM (D.).

28 — Des raisins, des huîtres, un citron, etc.

Toile. H. 58. L. 48.

DEHEEM (Corneille).

29 — Des fruits, du raisin, des vases d'or et d'argent et autres accessoires étalés sur un tapis.

Toile. H. 87. L. 1 m. 7.

DEPRAM.

30 — Scène de cabaret.

Cuivre. II. 20. L. 30

DEVRIES.

31 — Fête de village.

Bois. II. 61. L. 48.

DIETRICH.

32 — Près d'une table, où quelques rafraîchissements sont déposés, un jeune homme cherche à agacer un petit chien qu'une jolie femme tient sur ses genoux.

Bois. H. 34. L. 27.

DUJARDIN (Attribué à K.).

33 — Près de la porte en ruine d'une ville, un muletier selle un cheval; une femme, debout près de lui, file tout en le regardant; à droite, des montagnes noyées dans la vapeur.

Bois. H. 44. L. 55,

DURER (A).

34 — Un Vieillard tenant une tête de mort; près de lui, un enfant lui présente un sablier.

Bois. H. 49. L. 37

DUSART (Corneille).

35 — Réunion joyeuse.

Bois. H. 55. L. 70.

DU MÊME.

36 — Intérieur rustique.

Bois. H. 35. L. 28.

EECKHOUTE (Van den).

37 — Portrait d'homme coiffé d'une toque enrichie de pierreries.

Bois. H. 25. L. 20.

ELZHEIMER.

38 — Sujet tiré de l'Ancien-Testament.

EYCK (Van), xive siècle.

39 — La Trinité, Dieu le père tient Jésus mort sur ses genoux, le Saint-Esprit est au-dessus d'eux, des chérubins les entourent.

Bois. H. 66. L. 87.

FRANCK.

40 — Jésus lave les pieds aux apôtres.

Cuivre. H. 34. L. 28.

GASPRE POUSSIN (genre de).

41 — Paysage d'un style sévère avec cascade.

Toile. H. 30. L. 40.

DU MÊME.

42 — Vue de Tivoli.

Toile. H. 50. L. 40.

GÉRICAULT.

43 — Cheval de course romain.

Toile. H. 41. L. 58.

GRASSI.

44 — Portrait d'une princesse polonaise; elle est
coiffée avec des boucles dont l'une ser-
pente sur sa poitrine; un rang de perles et
un petit diadème en diamants sont passés
dans ses cheveux.

DU MÊME.

45 — Portrait du prince Poniatowski dans sa jeu-
nesse, en costume de général.

Toile. H. 62. L. 50.

GUERCHIN.

46 — Le Supplice de Tantale.

Toile. H. 1 m. 12. L. 90.

GUIDO RENI.

47 — Sainte Famile : la Vierge apprend à lire à Jésus, un ange soutient le livre, saint Joseph
est derrière eux.

Toile. H. 1 m. 20. L. 1 m
Riche cadre en bois sculpté.

HALLE (Signé), daté 1710.

48 — Un jeune homme prenant une leçon en présence de son père et de sa mère.

Toile. H. 34. L. 41.

HEDA.

48 bis — Nature morte.

HOBBEMA (Attribué à).

49 — Intérieur de forêt éclairé par un coup de soleil; une mare occupe le devant du tableau.

Bois. H. 50. .65

HONDECKOETER.

50 — Des paons, des coqs et des poules dans une basse-cour.

DU MÊME.

51 — Même sujet, pendant du précédent

Toile. H. 65. L. 77.

HUYSUM (Attribué à Van).

52 — Riche bouquet de fleurs dans un vase doré.

Toile. H. 52. L. 43.

ISABEY (E.).

53 — La Promenade dans le bois, costume du temps de Henri IV.

Bois. H. 24. L. 18.

JANET dit CLOUET.

54 — Portrait d'une femme en costume de cour.

Cuivre. H. 19. L. 14.

JANSSENS (V.).

55 — Apollon et Daphnée.

Bois. H. 28. L. 40.

KABEL.

56 — Un Joueur de vielle à la porte d'une masure.

Bois. H. 22. L. 27.

KLOMP.

57 — Paysage montagneux avec pâtre et animaux.

DU MÊME.

58 — Même sujet, pendant du précédent.

Toile. H. 62. L. 47.

KRAFT.

59 — Portrait de Stanislas Auguste, roi de Pologne, portant cuirasse et le grand cordon.

Ovale. Toile. H. 62. L. 51.
Encadré dans un cadre du temps avec son chiffre.

KRANACK (L.)

60 — Portrait de Mélanchton.

Toile. H. 32. L. 23.

KRANACK.

61 — Laissez venir à moi les petits enfants.

Bois. H. 47. L. 36.

LAIRESSE.

62 — La mort de César.

Toile. H. 34. L. 52.

LAMPI père.

63 — Portrait du prince primat Poniatowski.

Ovale. Toile. H. 62. L. 51.

Tiré de la galerie du roi de Pologne.

LAMPI fils.

64 — Un Berger assis au pied d'un grand arbre, dans
un paysage découvert, garde un troupeau
de bœufs en jouant de la flûte.

Toile. H. 60. L. 46.

LANCRET.

65 — Danse champêtre.

Toile. H. 67. L. 85.

LEPOITEVIN.

66 — Une jeune Fille au bord de la mer regarde
avec une longue vue.

Toile. H. 27. L. 22.

LILIENBERG.

67 — Deux perdrix posées sur une table de marbre.

Toile. H. 31. L. 40.

LUINI (Attribué à).

68 — Sainte Marguerite et le dragon ; elle tient la palme du martyre.

Toile. H. 72. L. 57.

MAJTENS (Signé J.-S.), daté 1609.

69 — Les cinq Sens.

Bois. H. 77. L. 1 m.

MARATTE (C.).

70 — La Vierge et l'Enfant.

Cuivre. H. 23. L. 17.

Tiré de la galerie du roi de Pologne ; il était inscrit sous le n° 1294.

MATHESEN.

71 — Des raisins et des poires sur une table de marbre et dans un panier.

Toile. H. 47. L. 60.

MERHEIM.

72 — Intérieur rustique : une femme tient un enfant qui joue avec des chats.

Toile. H. 36. L. 30.

MIATESCHEK (Signé), daté 1625.

73 — Portrait d'une dame et de ses deux filles.

DU MÊME.

74 — Portrait d'un magistrat entouré de ses fils ;
pendant du précédent.

Ovale. Cuivre. H. 38. L. 26.

MIERIS (Attribué à F.).

75 — Une jeune Femme soignant un perroquet.

Toile. H. 25. L. 19.

MOLITOR.

76 — Une rivière occupe le devant du tableau et va
se perdre à l'horizon ; la rive gauche est om-
bragée d'arbres qui se reflètent dans l'eau,
près de laquelle une paysanne a amené ses
vaches.

Toile. H. 60. L. 70

MORONI.

77 — Portrait d'un paysan russe.

Toile. H. 84. L. 69.

MURILLO (D'après).

78 — Saint Jean-Baptiste enfant caressant une bre-
bis.

Toile. H. 1 m. 60. L. 1 m. 20.

MURILLO (Genre de).

79 — La Vierge et l'Enfant Jésus.

Cuivre.

NEER (A. Van der).

80 — Vue de Hollande ; effet de lune.

Toile. H. 61. L. 80

NETSCHER (Attribué à G.).

81 — Une Dame à sa toilette.

DU MÊME.

82 — Un Homme, en riche robe de chambre, caressant un chien.

Toile. H. 40. L. 33.

DU MÊME.

83 — Portrait de Mme de Sévigné, assise le coude appuyé sur une table couverte d'un riche tapis.

Toile. H. 45. L. 38.

OTTO VENIUS.

84 — La Sainte Vierge et l'Enfant Jésus.

Bois. H. 65. L. 48.

PATENIER (J.), daté 1501.

85 — Paysage montagneux traversé par une rivière ;
diverses figures et un troupeau animent le
tableau.

Bois. H. 47. L. 75.

PLATZER.

86 — Dans la cour d'un riche palais, l'enfant Pro-
digue à table avec des courtisanes.

Bois. H. 47. L. 66.

POEL (Van der).

87 — Incendie d'un château; effet de nuit.

Bois. H. 25. L. 33.

POST.

88 — Paysage ; vue prise dans les Indes.

Bois. H. 28. L. 40.

PYNACKER.

89 — Aux pieds de montagnes sablonneuses sont
groupées quelques fabriques; à gauche, une
rivière vers laquelle se dirigent des paysans
avec leurs troupeaux.

Bois. H. 45. L. 62.

QUELIN ET **SEGHERS**.

90 — La Sainte Famille et saint Jean-Baptiste.

Bois. H. 60. L. 46.

QUERFURT.

91 — Départ pour la chasse.

Bois. H. 35. L. 49.

QUINTIN METSYS.

92 — Un Philosophe.

Bois. H. 62. L. 45.

REMBRANDT (École de).

93 — Portrait d'homme.

Toile. H. 49. L. 42.

DU MÊME.

94 — Portrait d'une femme richement habillée.

Toile. H. 20. L. 17.

DU MÊME.

95 — Tête de vieillard à barbe blanche.

Bois. H. 25. L. 20.

RICKAERT.

96 — Autour d'un tonneau des paysans se divertis-
sent en buvant et en fumant.

Bois. H. 42. L. 57.

RIGAUD.

97 — Portrait presqu'en pied de Louis XIV ; il est couvert d'une cuirasse et s'appuie sur un bâton de commandement.

Toile. H. 1 m. 34. L. 1 m.

RITTER.

98 — Plusieurs paysans font leur repas dans un cabaret; une vieille femme se penche vers un panier plein de légumes.

Bois. H. 33. L. 29.

RIVERS (Lord).

99 — Entrée des souverains alliés sur la place Louis XV à Paris, en 1814.

ROBERT (Signé Aurèle), daté 1839.

100 — Buffles dans la campagne de Rome.

L'un des deux pâtres, celui qui est à genoux, est de Léopold Robert.

Toile. H. 35. L. 46.

ROOS (H.).

101 — Sur un monticule, au bord d'une rivière, s'élèvent les ruines d'un ancien château; un paysan couché garde des moutons et quelques vaches : les unes sont entrées dans l'eau, d'autres se reposent sur le rivage.

Toile. H. 39. L. 52.

DU MÊME.

102 — Près de belles ruines, des bergers gardent un troupeau de vaches et de moutons.

Toile. H. 59. L. 75.

DU MÊME.

103 — Dans un paysage orné de ruines, des animaux sont au repos sous la garde d'un pâtre qui joue avec son chien.

Toile. H. 52. L. 65.

ROSE DE TIVOLI.

104 — Pâtre gardant un troupeau de moutons.

Toile. H. 73. L. 96.

ROTIUS (Signé), daté 1646.

105 — Portrait d'une vieille Hollandaise vêtue en noir.

Bois. H. 68. L. 52.

RUYSDAEL (Attribué à).

106 — Intérieur de forêt.

Bois. H. 36. L. 57.

R. V. K. (Daté 1611.)

107 — Dans une galerie, ornée de tableaux et de
    meubles de prix, deux personnages de dis-
    tinction se disposent à danser un menuet.
    Une dame, au clavecin, les accompagne.
    Quelques autres figures sont répandues dans
    la pièce dans diverses attitudes ; une porte
    ouverte laisse voir en perspective une suite
    de beaux appartements.

Bois. H. 58. L. 75.

SALVATOR ROSA.

108 — Paysage. Sur le premier plan, des femmes
    lavent du linge.

DU MÊME.

109 — Paysage montagneux avec fabrique.

Toile. H. 52. L. 69.

SCHALCKEN (Signé).

110 — La Partie de cartes. Trois personnages gran-
    deur naturelle.

    Les tableaux de ce maître sont très-rares
    de cette dimension.

Toile. H. 96. L. 1 m. 30.

SOUTMAN (Daté 1613).

111 — Portrait d'un personnage de distinction. Ses armoiries sont dans le haut du tableau.

Cuivre.

SPRANGER.

112 — La Nativité. Adoration des bergers.

Bois. H. 50. L. 39.

STALBEN.

113 — Au bord d'une rivière des mariniers chargent des marchandises dans un bateau ; au delà on aperçoit une grande tour carrée.

Bois. H. 26. L. 34.

STEEN (J.).

114 — Trois Fumeurs autour d'un tonneau.

Toile. H. 35. L. 26.

TENIERS (Attribué à).

115 — Un Chirurgien de village.

Bois. H. 48. L. 62.

TENIERS (D. Attribué à).

116 — Réunion de paysans à la porte d'un cabaret.

Toile. H. 35. L. 45.

TERBURG (Att.).

117 — Une jeune Femme, en robe de satin blanc, debout devant sa toilette; près d'elle un petit chien.

Toile. H. 36. L. 29.

TERBURG (Genre).

118 — Le Trio. Un jeune homme et deux dames font de la musique.

Toile. H. 50. L. 40.

THIELE.

119 — Forêt marécageuse. Soleil levant.

DU MÊME.

120 — Forêt. Soleil couchant. Pendant du précédent.

Bois. H. 35. L. 49.

TILBORG.

121 — Repas. Intérieur d'une maison rustique.

Bois. H. 20. L. 30.

TREVISANI.

122 — La Sainte Vierge occupée à des travaux d'aiguille; près d'elle, l'Enfant Jésus endormi est contemplé par des anges.

Toile. H. 38. L. 30.

VERG.

123 — Vue d'un port au moment d'un embarquement.

DU MÊME.

124 — Même sujet. Pendant du précédent.

Toile. H. 30. L. 40.

VÉRONÈSE (P.).

125 — La Sainte Vierge et l'Enfant entourés d'anges apparaissent à saint François en extase.

Toile. H. 64. L. 47.

VILEAU.

126 — Vénus et l'Amour.

Bois. H. 34. L. 26.

VOYS (Ary de).

127 — La chasteté de Joseph.

Toile. H. 33. L. 40.

WATTEAU (Attribué à).

128 — Personnages de la Comédie italienne.

Bois.

WILS.

129 — Paysage traversé par une rivière. Sur le se-
cond plan une tour et un pont.

Toile. H. 22. L. 31.

WIT (J. DE).

130 — Les Juifs adorant le veau d'or.

Bois. H. 58. L. 84.

WOUWERMANS (PH. Attribué à).

131 — Bataille.

Bois. H. 43. L. 62.

WOUWERMANS (P. Attribué à).

132 — Des Cavaliers faisant ferrer leurs chevaux.

Toile. H. 48. L. 40.

ZUCCARELLI.

133 — Paysage d'un style sévère. Un paysan conduit
une femme montée sur un cheval blanc et
chasse devant lui un troupeau de vaches et
de moutons.

Toile. H. 72. L. 90.

ZWOLL.

134 — L'Adoration des Bergers.

Bois. H. 69. L. 52.

ÉCOLE BYZANTINE

(Quatre volets.

135 — Sainte Barbe.

136 — Sainte Dorothée.

137 — Sainte Élisabeth.

138 — Sainte Apollonia.

Bois. H. 56. L.

ÉCOLE ITALIENNE.

139 — Le Sommeil de l'Enfant Jésus.

ÉCOLE FRANÇAISE.

140 — Promenade à la campagne.

Toile. H. 36. L. 45.

ÉCOLE FRANÇAISE.

141 — L'Odalisque.

Toile. H. 33. L. 25.

INCONNU.

142 — Arthémise recevant le plan du mausolée de son époux,

Toile. H. 29. L. 33.

INCONNU.

143 — Le Serpent d'airain.

Toile. H. 35. L. 28.

INCONNU.

144 — Vue d'une plaine en Italie.

Toile.

INCONNU.

145 — Portrait d'un personnage dans un riche costume du temps de Louis XIV.

Toile, H. 93. L. 77.

INCONNU.

146 — Paysage montagneux avec cascade et fabrique.

Toile. H. 36. L. 47.

INCONNU.

147 — Portrait d'homme à barbe blanche, carton ovale.
148 —   —   à col blanc, cuivre.
149 —   —   en écharpe bleue, cuivre.
150 —   —   de Léonard de Vinci, carton.
151 —   —   du Perugin,   id.
152 —   —   du Titien,   id.
153 —   —   de Philippe II avec chien, cuivre.
154 — Petite Bataille.
155 — Petit Paysage. Pendant du précédent.

MOSAIQUES EN BOIS.

156 — Vue d'un palais.

157 — Palais au bord de la mer.

H. 57. L. 47.

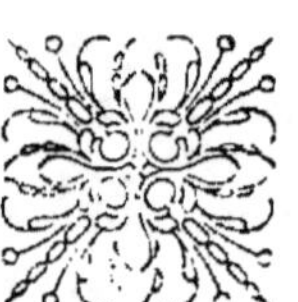

RENOU et MAULDE, imprimeurs de la Compagnie des Commissaires-Priseurs,
6021   rue de Rivoli, 144.

RENOU ET MAULDE,
Impr. de la Cie des Commissaires-Priseurs,
rue de Rivoli, 144.